LUIZ ROBERTO DANTE
IRACI MÜLLER

EDUCAÇÃO FINANCEIRA
PARA CRIANÇAS

1

editora ática

São Paulo - 2022

editora ática

Presidência: Mario Ghio Júnior
Vice-presidência de educação digital: Camila Montero Vaz Cardoso
Direção editorial: Lidiane Vivaldini Olo
Gerência de conteúdo e design educacional-Soluções completas: Viviane Carpegiani
Coordenação de núcleo e edição: Marcela Maris
Planejamento e controle de produção: Flávio Matuguma (ger.), Juliana Batista (coord.), Vivian Mendes (analista) e Suelen Ramos (analista)
Revisão: Letícia Pieroni (coord.), Aline Cristina Vieira, Anna Clara Razvickas, Brenda T. M. Morais, Carla Bertinato, Daniela Lima, Danielle Modesto, Diego Carbone, Kátia S. Lopes Godoi, Lilian M. Kumai, Malvina Tomáz, Marília H. Lima, Paula Rubia Baltazar, Paula Teixeira, Raquel A. Taveira, Ricardo Miyake, Shirley Figueiredo Ayres, Tayra Alfonso e Thaise Rodrigues
Arte: Fernanda Costa da Silva (ger.), Catherine Saori Ishihara (coord.), Claudemir C. Barbosa (edição de arte)
Diagramação: R2 Editorial
Iconografia e tratamento de imagem: Roberta Bento (ger.), Claudia Bertolazzi (coord.), Lucas Maia Campos (pesquisa iconográfica) e Fernanda Crevin (tratamento de imagens)
Licenciamento de conteúdos de terceiros: Roberta Bento (ger.), Jenis Oh (coord.), Liliane Rodrigues, Raísa Maris Reina e Sueli Ferreira (analistas de licenciamento)
Ilustrações: Fabiana Salomão e Giz de Cera Studio
Cartografia: Eric Fuzii (coord.) e Robson Rosendo da Rocha
Design: Erik Taketa (coord.) Thatiana Kalaes (Miolo e capa), Gustavo Vanini (adap.)
Foto de capa: Gelpi/Shutterstock

Todos os direitos reservados por Somos Sistemas de Ensino S.A.
Avenida Paulista, 901, 6º andar – Bela Vista
São Paulo – SP – CEP 01310-200
http://www.somoseducacao.com.br

Dados Internacionais de Catalogação na Publicação (CIP)

```
Dante, Luiz Roberto
   Educação financeira para crianças 1 / Luiz Roberto Dante,
Iraci Müller. -- 2. ed. -- São Paulo : Ática, 2021.

   ISBN 978-85-0819-613-5 (livro do aluno)
   ISBN 978-85-0819-616-6 (livro do professor)

   1. Educação financeira 2. Crianças - Finanças pessoais I.
Título II. Müller, Iraci
20-2190                                        CDD 332.024
```

Angélica Ilacqua – Bibliotecária – CRB-8/7057

2022
1ª edição
3ª impressão
De acordo com a BNCC.

Impressão e acabamento: Vox Gráfica

Uma publicação

APRESENTAÇÃO

COMO SURGIU O DINHEIRO? QUAL É O VALOR DAS COISAS? SERÁ QUE PODEMOS TER TUDO O QUE QUEREMOS?

ESTE LIVRO FOI ESCRITO PARA MOSTRAR QUE DESDE PEQUENOS PODEMOS E DEVEMOS SER RESPONSÁVEIS E CUIDAR DE NOSSAS COISAS, DE NOSSO MATERIAL ESCOLAR, DE NOSSAS ROUPAS, DA NATUREZA, EVITANDO DESPERDÍCIOS EM CASA E EM TODOS OS LUGARES POR ONDE PASSAMOS.

ACOMPANHE OS PERSONAGENS JOCA, SOFIA, LUCA, NINA, ANA E PEDRO EM SUAS AVENTURAS, DESCOBERTAS E EVENTOS. LEIA COM ATENÇÃO AS ORIENTAÇÕES DOS PROFESSORES FLORA E CARLOS, APRENDA A DISTINGUIR O QUE É NECESSÁRIO E O QUE É SUPÉRFLUO E AJUDE AS CRIANÇAS A RESOLVER AS ATIVIDADES PARA QUE ELAS, E VOCÊ TAMBÉM, CONSTRUAM CONHECIMENTO E CUMPRAM O PAPEL DE CIDADÃO.

ESPERAMOS QUE VOCÊ GOSTE DA HISTÓRIA E APROVEITE BASTANTE ESTA EXPERIÊNCIA.

BOAS DESCOBERTAS!

UM GRANDE ABRAÇO DO DANTE E DA IRACI.

SUMÁRIO

5 INTRODUÇÃO

6 1º CAPÍTULO
COMO TUDO COMEÇOU

12 2º CAPÍTULO
COMO SURGIU O DINHEIRO

20 3º CAPÍTULO
O VALOR DAS COISAS

24 4º CAPÍTULO
SONHAR É MUITO BOM

30 5º CAPÍTULO
CONSUMO CONSCIENTE

38 BRINCANDO TAMBÉM SE APRENDE

40 ENCERRANDO O PASSEIO

41 MATERIAL COMPLEMENTAR

INTRODUÇÃO

Joca e Sofia são os personagens principais desta história. Eles gostam de conhecer lugares diferentes, conversar com as pessoas e estão sempre dispostos a aprender. Também participarão desta aventura seus amigos Luca, Nina, Ana e Pedro. A professora Flora e o professor Carlos vão acompanhar e orientar as crianças.

Nossos personagens embarcarão em uma viagem de trem e terão de cruzar cinco estações, passando por muitos desafios.

Mas que desafios são esses? Em cada estação, Joca, Sofia e seus amigos vão vivenciar situações do dia a dia e terão de resolver questões que envolvem, por exemplo, dinheiro, planejamento e consumo. Para isso, precisarão de ajuda, e é aí que você entra. A sua participação será muito importante na resolução das atividades.

Prepare-se para as surpresas do caminho: o dinheiro sempre existiu? E para que ele serve? Qual é o valor das coisas? O que é consumo consciente? Nesta viagem, você, Joca, Sofia e seus amigos conhecerão muitas coisas sobre o mundo do dinheiro.

Então, aqueça os motores e embarque nesta aventura!

Está preparado para uma aventura? Ao virar a página, você dará início a um passeio muito legal!

1º CAPÍTULO – COMO TUDO COMEÇOU

JOCA E SOFIA CHEGAM À PRIMEIRA ESTAÇÃO DE TREM COM A PROFESSORA FLORA, O PROFESSOR CARLOS E OS AMIGOS LUCA, NINA, ANA E PEDRO, QUE VÃO ACOMPANHÁ-LOS NA AVENTURA.

NA ESTAÇÃO, AS CRIANÇAS OBSERVAM TUDO COM MUITA ATENÇÃO. LOGO OUVEM ALGUÉM DIZER QUE O DINHEIRO NEM SEMPRE EXISTIU.

SE UMA PESSOA PLANTAVA MILHO E OUTRA PESSOA PLANTAVA ARROZ, ELAS PODIAM TROCAR ESSES ALIMENTOS ENTRE SI.

A TROCA DE MERCADORIAS POR OUTRAS MERCADORIAS OU POR TRABALHO CHAMA-SE **ESCAMBO**.

E COMO AS PESSOAS FAZIAM PARA CONSEGUIR O QUE PRECISAVAM?

QUANDO AINDA NÃO EXISTIA O DINHEIRO, AS PESSOAS FAZIAM TROCAS. VEJA UM EXEMPLO, JOCA.

ATIVIDADE 1 — TROCA DE FIGURINHAS

AS CRIANÇAS ESTÃO APROVEITANDO A VIAGEM PARA TROCAR AS FIGURINHAS REPETIDAS DE SEUS ÁLBUNS. AS FIGURINHAS HOLOGRÁFICAS SÃO AS MAIS DIFÍCEIS DE ENCONTRAR E POR ISSO VALEM MAIS.

PEDRO, LUCA E NINA COMBINARAM QUE, NAS TROCAS, 1 FIGURINHA HOLOGRÁFICA VALIA 2 FIGURINHAS COMUNS.

1 FIGURINHA HOLOGRÁFICA DA COPA DO MUNDO DE 2018.

VALE

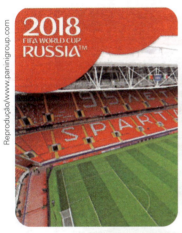 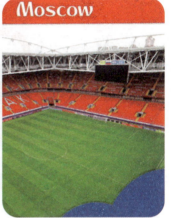

2 FIGURINHAS COMUNS DA COPA DO MUNDO DE 2018.

> AJUDE SOFIA, JOCA E SEUS AMIGOS A ENTENDER UM POUCO MAIS SOBRE TROCAS E COMPLETE AS LACUNAS:

A. PEDRO TINHA 2 FIGURINHAS HOLOGRÁFICAS REPETIDAS. ELE CONSEGUIU TROCÁ-LAS POR _____ FIGURINHAS COMUNS.

B. LUCA TEM 6 FIGURINHAS COMUNS REPETIDAS. ELE PÔDE TROCÁ-LAS POR _____ FIGURINHAS HOLOGRÁFICAS.

ATIVIDADE 2 — TROCA DE MATERIAL ESCOLAR

EM UM PONTO DA ESTAÇÃO, AS CRIANÇAS GANHARAM LÁPIS DE COR E LIVROS USADOS DE BRINDE.

PEDRO E JOCA DECIDIRAM FAZER ALGUMAS TROCAS DESSES MATERIAIS E COMBINARAM QUE 5 LÁPIS VALIAM 1 LIVRO.

> LIGUE, COM UM TRAÇO, OS GRUPOS DE MATERIAL QUE PODEM SER TROCADOS.

ATIVIDADE 3 — TROCA DE BRINQUEDOS USADOS

LUCA E SEUS AMIGOS PARARAM NA ESTAÇÃO EM UMA FEIRA DE TROCA DE BRINQUEDOS USADOS. ANA E SOFIA FICARAM MUITO ANIMADAS.

A. OBSERVE ATENTAMENTE OS BRINQUEDOS AO LADO.

B. CONTORNE DOIS BRINQUEDOS DA MESA QUE VOCÊ ESCOLHERIA PARA TROCAR POR DOIS BRINQUEDOS SEUS.

ATIVIDADE 4 — BRINQUEDOS FEITOS COM MATERIAIS RECICLÁVEIS

NA ESTAÇÃO, HAVIA TAMBÉM UMA OFICINA DE BRINQUEDOS. VAMOS AJUDAR AS CRIANÇAS A CONFECCIONAR UM BRINQUEDO BEM LEGAL E, DEPOIS, MONTAR UMA EXPOSIÇÃO?

A. COM A AJUDA DE UM ADULTO, ESCOLHA UM BRINQUEDO PARA CONFECCIONAR: CARRINHO COM GARRAFA PET, BONECA DE PANO, PISTA DE CORRIDA COM CAIXINHAS DE LEITE, MESINHA DE BONECAS COM GARRAFAS PET OU OUTRO BRINQUEDO QUE POSSA SER CONSTRUÍDO COM CRIATIVIDADE E IMAGINAÇÃO.

B. COM OS COLEGAS, FAÇA UMA EXPOSIÇÃO NA SALA DE AULA COM TODOS OS BRINQUEDOS CONFECCIONADOS.

ATIVIDADE 5 — JOGO DAS 7 DIFERENÇAS

JOCA, SOFIA E SEUS AMIGOS PARARAM PARA OBSERVAR DUAS REPRODUÇÕES DE UMA MESMA OBRA DE ARTE NA ESTAÇÃO.

ENTRE ELAS HÁ 7 DIFERENÇAS QUE AS CRIANÇAS TENTARAM ENCONTRAR.

> DESCUBRA AS 7 DIFERENÇAS ENTRE AS IMAGENS E CONTORNE-AS.

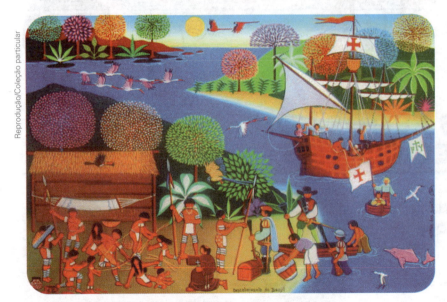

MILITÃO DOS SANTOS, *DESCOBRIMENTO DO BRASIL*, 2009.

PARA REFLETIR – O CADERNO DE MARIANA

LEIA A HISTÓRIA A SEGUIR.

YURI ESTAVA COM AS LIÇÕES DE CASA ATRASADAS E PEDIU EMPRESTADO O CADERNO DE SUA COLEGA MARIANA PARA DEIXAR AS ATIVIDADES EM DIA. MAS, PARA SURPRESA DE MARIANA, YURI DEVOLVEU O CADERNO TODO SUJO E RASGADO.

CONVERSE COM O PROFESSOR E OS COLEGAS SOBRE ESTAS QUESTÕES:

- SE VOCÊ EMPRESTASSE SEU CADERNO A UM COLEGA E ELE FOSSE DEVOLVIDO TODO SUJO E RASGADO, O QUE VOCÊ FARIA?
- QUAL SERIA A MELHOR ATITUDE A TOMAR DIANTE DESSA SITUAÇÃO?
- E O QUE NÃO SE DEVERIA FAZER?
- E SE VOCÊ PERDESSE OU ESTRAGASSE O MATERIAL DE UM COLEGA, O QUE FARIA?

O QUE ESTUDAMOS

RESPONDA NO CADERNO:

- O QUE VOCÊ MAIS GOSTOU DE APRENDER NESTE CAPÍTULO?
- VOCÊ ACHOU ALGUMA ATIVIDADE DIFÍCIL DE RESOLVER?
- VOCÊ JÁ FEZ ALGUMA TROCA DE OBJETOS OU FIGURINHAS COM ALGUÉM?
- VOCÊ JÁ PARTICIPOU DE ALGUMA FEIRA DE TROCA DE BRINQUEDOS USADOS? SE NÃO, GOSTARIA DE PARTICIPAR?
- VOCÊ CUIDA BEM DO SEU MATERIAL ESCOLAR?

2º CAPÍTULO – COMO SURGIU O DINHEIRO

NA SEGUNDA ESTAÇÃO, A TURMA FORMOU UMA RODA DE CONVERSA PARA FALAR SOBRE AS SITUAÇÕES DE TROCAS DA PRIMEIRA ESTAÇÃO. NA CONVERSA, JOCA COMENTOU QUE SERIA LEGAL SE PUDESSEM TROCAR UM OBJETO POR UM SANDUÍCHE NA LANCHONETE.

O PROFESSOR CARLOS EXPLICOU QUE AS PESSOAS QUE VIVERAM HÁ MUITO TEMPO TINHAM DIFICULDADE DE REALIZAR TROCAS POR NÃO ENCONTRAREM QUEM QUISESSE SEUS PRODUTOS. ERA NECESSÁRIO TER UM OBJETO ÚNICO DE TROCA. E FOI ASSIM QUE SURGIU O DINHEIRO.

JOCA, SOFIA E SEUS AMIGOS OUVEM ATENTOS AS EXPLICAÇÕES SOBRE O DINHEIRO COMO MEIO DE TROCA.

EXISTIU UMA ÉPOCA EM QUE PEDRINHAS DE OURO ERAM TROCADAS POR MERCADORIAS.

Ivelin Radkov/Shutterstock

PARA INDICAR MELHOR QUANTO OURO HAVIA NAS PEDRINHAS, ELAS PASSARAM A SER DERRETIDAS E TRANSFORMADAS EM MOEDAS. OS VALORES DEPENDIAM DE QUANTO PESAVAM.

Reprodução/Casa da Moeda do Brasil/Ministério da Fazenda

DEPOIS, SURGIU A IDEIA DE FAZER DINHEIRO DE PAPEL, QUE CHAMAMOS DE **CÉDULA**, **NOTA** OU **PAPEL-MOEDA**. ASSIM, O DINHEIRO FOI CRIADO PARA FACILITAR AS TROCAS.

ATUALMENTE, NO BRASIL, O DINHEIRO CHAMA-SE **REAL** E EXISTEM VÁRIAS MOEDAS E CÉDULAS (OU NOTAS) COM VALORES DIFERENTES.

Reprodução/Casa da Moeda do Brasil/Ministério da Fazenda

AGORA QUE AS CRIANÇAS OUVIRAM AS EXPLICAÇÕES, ELAS PODEM REALIZAR AS ATIVIDADES, E NÓS VAMOS AJUDÁ-LAS!

ATIVIDADE 1 — CONHECENDO AS MOEDAS

AS CRIANÇAS, AO OBSERVAR AS MOEDAS BRASILEIRAS, PERCEBERAM QUE EM CADA UMA HÁ UM NÚMERO QUE INDICA O VALOR DELA. POR EXEMPLO, 10 CENTAVOS VALEM MAIS DO QUE 5 CENTAVOS.

> LIGUE A IMAGEM DA MOEDA AO VALOR CORRESPONDENTE:

50 CENTAVOS | 1 REAL | 25 CENTAVOS | 5 CENTAVOS | 1 CENTAVO | 10 CENTAVOS

ATIVIDADE 2 — CONHECENDO ALGUMAS CÉDULAS

EM CADA CÉDULA TAMBÉM HÁ UM NÚMERO QUE INDICA O VALOR DELA. POR EXEMPLO: 2 REAIS VALEM MENOS DO QUE 5 REAIS.

> ESCREVA O VALOR DE CADA UMA DESTAS CÉDULAS:

_____ REAIS   _____ REAIS   _____ REAIS   _____ REAIS

ATIVIDADE 3 — O DINHEIRO ATUAL DO BRASIL

1 PENSE E RESPONDA. SE PRECISAR, CONSULTE A ATIVIDADE 1 DA PÁGINA ANTERIOR.

A. EXISTEM QUANTOS VALORES DIFERENTES DE MOEDAS? _____

B. QUAL É A MOEDA DE MENOR VALOR? _____

C. QUAL É A MOEDA DE MAIOR VALOR? _____

2 NINA VIU NO CHÃO UMA MOEDA CUJO VALOR:
- É MENOR DO QUE 50 CENTAVOS;
- É ESCRITO COM DOIS ALGARISMOS;
- NÃO É 25 CENTAVOS.

> CONTORNE A IMAGEM DA MOEDA QUE NINA VIU NO CHÃO.

3 NO BOLSO DE LUCA HÁ UMA CÉDULA CUJO VALOR:
- É MENOR DO QUE 20 REAIS;
- É ESCRITO COM UM ALGARISMO;
- É MAIOR DO QUE 4 REAIS.

> CONTORNE A IMAGEM DA CÉDULA QUE HÁ NO BOLSO DE LUCA.

ATIVIDADE 4 — CONTANDO OS CENTAVOS

JOCA, SOFIA E SEUS AMIGOS FORAM DESAFIADOS A CONTAR OS CENTAVOS DE ALGUNS COFRINHOS QUE OS PROFESSORES LEVARAM PARA A VIAGEM.

> ESCREVA O NÚMERO QUE REPRESENTA A QUANTIDADE DE CENTAVOS DE CADA COFRINHO.

_____ CENTAVOS

_____ CENTAVOS

_____ CENTAVOS

_____ CENTAVOS

_____ CENTAVOS

ATIVIDADE 5 — CONTANDO OS REAIS

O PRÓXIMO DESAFIO DAS CRIANÇAS É CONTAR A QUANTIDADE DE DINHEIRO EM CADA CASO.

> ESCREVA O NÚMERO QUE REPRESENTA A QUANTIDADE DE REAIS EM CADA ITEM.

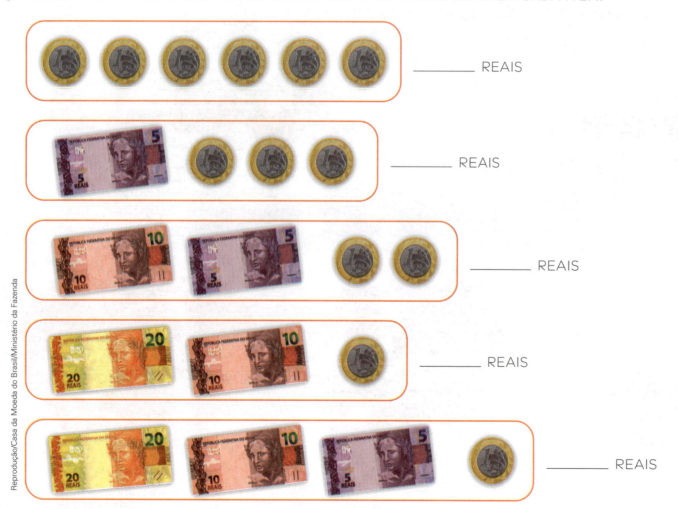

ATIVIDADE 6 — POSSIBILIDADES DE TROCA

PODEMOS FORMAR 5 REAIS COM CINCO MOEDAS DE 1 REAL OU COM DUAS CÉDULAS DE 2 REAIS MAIS UMA MOEDA DE 1 REAL.

1. PENSE EM DIFERENTES MANEIRAS DE FORMAR 10 REAIS. MANUSEIE O DINHEIRO DE BRINCADEIRA PARA ENCONTRAR AS POSSIBILIDADES. DEPOIS, DESENHE NO CADERNO O QUE VOCÊ PENSOU.

MUITA ATENÇÃO PARA ESTE DESAFIO! PARA AJUDAR NA RESOLUÇÃO, DESTAQUE E USE O DINHEIRO DE BRINCADEIRA DA PÁGINA 41.

2. EM DUPLAS, USEM O DINHEIRO DE BRINCADEIRA E MOSTREM PELO MENOS DUAS MANEIRAS DE OBTER CADA UMA DAS QUANTIAS ABAIXO. DEPOIS, DESENHE-AS.

A. 7 REAIS

B. 9 REAIS

PARA QUE SERVE O DINHEIRO, PROFESSOR CARLOS?

PARA USARMOS COMO UM MEIO DE TROCA NO PAGAMENTO DO QUE NECESSITAMOS. VEJA ESTES EXEMPLOS, SOFIA.

NA PAPELARIA, PODEMOS TROCAR DINHEIRO POR MATERIAL ESCOLAR. NO SUPERMERCADO, PODEMOS TROCAR DINHEIRO POR ALIMENTOS. NO DENTISTA, PODEMOS TROCAR DINHEIRO POR TRATAMENTO NOS DENTES.

VAMOS AGORA VIVENCIAR UMA SITUAÇÃO DE COMPRA DE LANCHE. AJUDE-NOS A FAZER UMA BOA COMPRA.

SE FOR PRECISO, CONSULTE AS ATIVIDADES DA PÁGINA 13.

ATIVIDADE 7 — COMPRANDO O LANCHE

NA PARADA PARA UM LANCHE, JOCA, SOFIA, LUCA E NINA SEPARARAM O DINHEIRO QUE TINHAM PARA SE ALIMENTAREM.

1 CONTE QUANTOS REAIS CADA CRIANÇA TEM. ESCREVA O TOTAL DE CADA UMA DELAS E DEPOIS RESPONDA ÀS QUESTÕES.

JOCA

_____ REAIS

SOFIA

_____ REAIS

LUCA

_____ REAIS

NINA

_____ REAIS

A. QUEM TEM MAIS DINHEIRO? _____

B. QUEM TEM MENOS DINHEIRO? _____

2 OBSERVE AO LADO O PREÇO DE ALGUNS ALIMENTOS E FAÇA O QUE SE PEDE.

A. JOCA COMPROU SÓ UM ITEM E AINDA FICOU COM 2 REAIS.

O ITEM CUSTOU _____.

B. CONTORNE 3 ITENS QUE SOFIA PODERIA COMPRAR SEM SOBRAR DINHEIRO.

C. ASSINALE 4 ITENS QUE NINA PODERIA COMPRAR SEM SOBRAR DINHEIRO.

D. LUCA COMPROU UM HAMBÚRGUER E UMA SALADA DE FRUTAS.

QUANTOS REAIS ELE GASTOU? _____.

SE SOBROU DINHEIRO PARA LUCA, INDIQUE AQUI: _____.

O QUE ESTUDAMOS

RESPONDA NO CADERNO:
- VOCÊ GOSTA DE APRENDER COISAS NOVAS?
- VOCÊ TEVE DIFICULDADE PARA RESOLVER ALGUMA ATIVIDADE? SE SIM, TIROU AS DÚVIDAS COM O PROFESSOR?
- VOCÊ JÁ VIU AS MOEDAS DE TODOS OS VALORES QUE EXISTEM NO BRASIL?
- VOCÊ TEM DINHEIRO GUARDADO EM UM COFRINHO?

3º CAPÍTULO – O VALOR DAS COISAS

DURANTE A VIAGEM DE TREM, OS PROFESSORES CONVERSAM COM JOCA E SEUS AMIGOS SOBRE O VALOR DAS COISAS E A DIFERENÇA ENTRE NECESSIDADE E VONTADE NA HORA DE COMPRAR ALGUM PRODUTO.

JOCA ENTÃO PERGUNTA AO PROFESSOR CARLOS:

MAS QUAL É O VALOR DAS COISAS?

O PREÇO DAS COISAS MATERIAIS ESTÁ LIGADO AO VALOR DELAS, JOCA, E UMA DAS CAUSAS PODE SER A SUA ABUNDÂNCIA OU ESCASSEZ.

QUANDO ALGO EXISTE EM GRANDE QUANTIDADE E É FÁCIL OBTÊ-LO, COSTUMA SER BARATO.

QUANDO ALGO EXISTE EM POUCA QUANTIDADE E É DIFÍCIL OBTÊ-LO, COSTUMA SER CARO.

AREIA

DIAMANTE

OS PROFESSORES TAMBÉM EXPLICAM ÀS CRIANÇAS QUE EXISTEM OUTROS ASPECTOS QUE INFLUENCIAM O VALOR DE UMA COISA. POR EXEMPLO:

- ALGO DE QUE SE GOSTA MUITO.
- TEM BOA QUALIDADE, É DURÁVEL.
- DEU MUITO TRABALHO PARA CONSTRUIR OU CONSEGUIR.
- DÁ A SENSAÇÃO DE SEGURANÇA OU CONFORTO.

VAMOS AJUDAR AS CRIANÇAS A RESOLVER MAIS ALGUNS DESAFIOS!

ATIVIDADE 1 — O QUE PODEMOS COMPRAR COM DINHEIRO

JOCA E SEUS AMIGOS APRENDERAM QUE, COM DINHEIRO, É POSSÍVEL COMPRAR MUITAS COISAS. POR EXEMPLO:

ALIMENTOS

ROUPAS E CALÇADOS

PASSEIOS E VIAGENS

> ESCREVA MAIS TRÊS COISAS QUE SUA FAMÍLIA COMPRA COM DINHEIRO.

_____

_____

ATIVIDADE 2 — SUAS NECESSIDADES E VONTADES

OBSERVE AS FOTOS QUE AS CRIANÇAS ENCONTRARAM NA ESTAÇÃO. VAMOS AJUDÁ-LAS A IDENTIFICAR NECESSIDADES E VONTADES.

Nehophoto/Shutterstock

NYS/Shutterstock

Motorolka/Shutterstock

M. Unal Ozmen/Shutterstock

Martin Sweet/Shutterstock

Andrienko Anastasiya/Shutterstock

Leandro Frin/Shutterstock

Ruslan Kudrin/Shutterstock

Eggeegg/Shutterstock

Diogoppr/Shutterstock

Sorbis/Shutterstock

Pashykvsv/Shutterstock

Olga Guchek/Shutterstock

Nioloxs/Shutterstock

A. CONTORNE TUDO QUE CONSIDERAR NECESSÁRIO PARA VOCÊ.

B. FAÇA UM **X** EM TUDO QUE VOCÊ TEM VONTADE OU DESEJO DE TER OU DE REALIZAR.

C. CONVERSE COM OS COLEGAS E O PROFESSOR SOBRE QUAIS SÃO AS NECESSIDADES E AS VONTADES DE CADA UM. DEPOIS, REGISTRE ALGUMAS DELAS NO QUADRO AO LADO.

NECESSIDADES	VONTADES

ATIVIDADE 3 — NECESSIDADES E VONTADES DA FAMÍLIA

JOCA, SOFIA E SEUS AMIGOS TINHAM DE INDICAR AS NECESSIDADES E AS VONTADES DE SUAS FAMÍLIAS. ELES LIGARAM PARA CASA E APROVEITARAM PARA CONTAR O QUE APRENDERAM.

A. CONVERSE COM SEUS FAMILIARES. PERGUNTE QUAIS SÃO AS NECESSIDADES MENSAIS DA FAMÍLIA E QUAIS SÃO AS VONTADES.

B. EM SEGUIDA, RECORTE DE JORNAIS, REVISTAS E FOLHETOS DE PROPAGANDA IMAGENS DE PRODUTOS, OBJETOS, PASSEIOS, ETC. QUE REPRESENTEM AS NECESSIDADES E AS VONTADES DE SUA FAMÍLIA.

C. DIVIDA UMA FOLHA DE PAPEL SULFITE AO MEIO E TRACE NELA UM FIO HORIZONTAL, COMO AO LADO. EM UMA PARTE, ESCREVA **NECESSIDADES**, NA OUTRA ESCREVA **VONTADES**.

D. COLE AS IMAGENS QUE VOCÊ RECORTOU, SEPARANDO-AS NESSAS DUAS CATEGORIAS.

NECESSIDADES
VONTADES

O QUE ESTUDAMOS

RESPONDA NO CADERNO:

- VOCÊ PEDE A AJUDA DOS COLEGAS QUANDO TEM DÚVIDAS EM ALGUMA ATIVIDADE?
- VOCÊ AJUDA OS COLEGAS QUANDO ELES PRECISAM?
- VOCÊ TEM VONTADE DE COMPRAR ALGO ESPECÍFICO PARA VOCÊ? SE SIM, O QUÊ?
- VOCÊ COSTUMA GUARDAR DINHEIRO PARA COMPRAR ALGO DE QUE TENHA VONTADE?

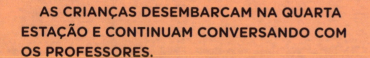

ATIVIDADE 1 — PIQUENIQUE COM A TURMA

DURANTE A VIAGEM, AS CRIANÇAS PLANEJARAM FAZER UM PIQUENIQUE. AGORA É A SUA VEZ DE **PLANEJAR** UM PIQUENIQUE COM A TURMA DA SALA DE AULA.

Broggi Production/Shutterstock

1 COMPLETE COM AS INFORMAÇÕES SOBRE O PIQUENIQUE QUE VOCÊS FARÃO.

A. O LOCAL E A DATA: _____

B. O QUE LEVAREMOS: COMIDA, BEBIDA, TOALHA, PRATINHOS, _____
_____

C. O QUE EU VOU FAZER PARA AJUDAR: _____

PRONTO, APÓS COMPLETAR ESSAS INFORMAÇÕES, A TURMA ACABOU DE **PLANEJAR** O PIQUENIQUE.

2 NO CADERNO, ILUSTRE COMO FOI O PIQUENIQUE DA TURMA E COMPARTILHE COM OS COLEGAS.

ATIVIDADE 2 — QUAL É O SEU SONHO?

A. DESENHE ALGO QUE REPRESENTE UM SONHO SEU OU DA SUA FAMÍLIA.

B. VOCÊ SABE SE ESSE SONHO TEM UM CUSTO? PERGUNTE A UM ADULTO (O PROFESSOR OU ALGUÉM DA FAMÍLIA) E RESPONDA: QUAL É O VALOR APROXIMADO?

_____

ATIVIDADE 3 — RODA DE CONVERSA

FORMEM UMA RODA DE CONVERSA E FALEM SOBRE AS SEGUINTES QUESTÕES:

A. VOCÊ RECEBE ALGUM DINHEIRO POR SEMANA (**SEMANADA**) OU POR MÊS (**MESADA**)? SE SIM, VOCÊ GUARDA UM POUCO OU GASTA TUDO?

B. COMO VOCÊ PODE REALIZAR OU AJUDAR SUA FAMÍLIA A REALIZAR O SONHO QUE VOCÊ DESENHOU NA ATIVIDADE **2** DA PÁGINA ANTERIOR?

C. EM QUE VOCÊ PODERIA ECONOMIZAR PARA SOBRAR MAIS DINHEIRO?

D. GUARDAR DINHEIRO EM UM COFRINHO E ANOTAR EM UM CADERNO MENSALMENTE O QUE CONSEGUIU POUPAR O AJUDARÁ A CONQUISTAR O QUE DESEJA. EXPERIMENTE FAZER ISSO POR DOIS MESES.

COM O DINHEIRO POUPADO, PODEMOS AJUDAR NOSSA FAMÍLIA A REALIZAR OS SONHOS DELA.

AS CRIANÇAS QUISERAM MOSTRAR O QUE ENTENDERAM SOBRE REALIZAR SONHOS:

SE EU SONHO EM TER OU FAZER ALGO NO FUTURO QUE TENHA UM CUSTO, PRECISO ME ORGANIZAR E PLANEJAR PARA CONSEGUIR.

UM PRIMEIRO PASSO SERIA POUPAR DINHEIRO, **PRIORIZANDO AS NECESSIDADES**, E NÃO APENAS AS MINHAS VONTADES.

DEPOIS, COM O DINHEIRO ECONOMIZADO, POUPADO, POSSO REALIZAR ALGUNS DE MEUS SONHOS.

MINHAS ECONOMIAS NO COFRINHO VOU GUARDAR PARA COMPRAR NO FUTURO ALGUMA COISA DE QUE VOU PRECISAR.

E RECITARAM UMA PARLENDA QUE A PROFESSORA FLORA ENSINOU.

E. LEIA A PARLENDA EM VOZ ALTA, FAÇA UM CORO COM OS COLEGAS E DEPOIS CONVERSEM SOBRE O QUE A PARLENDA DIZ.

ATIVIDADE 4 — OS SONHOS DAS CRIANÇAS

FAÇA COMO AS CRIANÇAS E RESOLVA AS ATIVIDADES 4 E 5 EM DUPLAS.

A. JOCA RECEBE DOS PAIS DELE 5 REAIS POR SEMANA. ESSA É A **SEMANADA** DE JOCA. O SONHO DELE É COMPRAR O BRINQUEDO DA IMAGEM ABAIXO.

50 REAIS

> SE JOCA GUARDAR EM UM COFRINHO TODA A SEMANADA QUE GANHA, EM QUANTAS SEMANAS ELE REALIZARÁ ESSE SONHO?

_____ SEMANAS

B. SOFIA RECEBE DOS PAIS 20 REAIS POR MÊS, QUE É A SUA **MESADA**. O DESEJO DE SOFIA É COMPRAR O JOGO ABAIXO, QUE CUSTA 80 REAIS.

> SE SOFIA GUARDAR EM UM COFRINHO TODA A MESADA QUE GANHA, EM QUANTOS MESES ELA COMPRARÁ ESSE JOGO?

_____ MESES

ATIVIDADE 5 — AS ECONOMIAS DE ANA

ANA DESEJA COMPRAR UM VESTIDO COMO O DA IMAGEM AO LADO. PARA ISSO, TODA SEMANA ELA GUARDA EM SEU COFRINHO 4 REAIS.

A. JÁ SE PASSARAM 5 SEMANAS. QUANTOS REAIS ANA ECONOMIZOU NESSE PERÍODO?

B. ANA CONSEGUE COMPRAR O VESTIDO COM A QUANTIA QUE JÁ ECONOMIZOU?

C. QUANTOS REAIS FALTAM PARA ANA COMPRAR O VESTIDO QUE DESEJA?

D. ANA PRECISARÁ GUARDAR O DINHEIRO DE MAIS QUANTAS SEMANADAS?

 SEMANADAS

PARA REFLETIR – PRIORIDADES

LEIA A HISTÓRIA A SEGUIR.

AO PREPARAR O ALMOÇO, O PAI DE CAIO PERCEBEU QUE NÃO HAVIA FEIJÃO. COMO ESTAVA SEM DINHEIRO EM CASA, PEDIU AO FILHO O DINHEIRO QUE O GAROTO VINHA GUARDANDO EM SEU COFRINHO.

CAIO ESTAVA POUPANDO PARA COMPRAR UMA BOLA DE VÔLEI. MAS ELE DEU O DINHEIRO AO PAI, POIS SABE QUE É IMPORTANTE PRIORIZAR AS NECESSIDADES.

CONVERSE COM O PROFESSOR E OS COLEGAS SOBRE ESTAS QUESTÕES:

- SE VOCÊ ESTIVESSE NO LUGAR DE CAIO, O QUE FARIA?
- QUAL SERIA A MELHOR ATITUDE A TOMAR DIANTE DESSA SITUAÇÃO?
- E O QUE NÃO SE DEVERIA FAZER?

O QUE ESTUDAMOS

RESPONDA NO CADERNO:

- COMO FOI FAZER AS ATIVIDADES EM DUPLA? VOCÊ PRESTOU ATENÇÃO NO QUE O COLEGA FALAVA?
- VOCÊ DEMOROU MAIS TEMPO PARA RESOLVER ALGUMA ATIVIDADE?
- VOCÊ TEM FEITO PLANOS PARA REALIZAR ALGUM SONHO SEU OU DA SUA FAMÍLIA? QUAIS SÃO OS PLANOS?

5º CAPÍTULO – CONSUMO CONSCIENTE

NA QUINTA ESTAÇÃO, OS PROFESSORES COMEÇAM A FALAR SOBRE CONSUMO CONSCIENTE.

OS PROFESSORES EXPLICAM ÀS CRIANÇAS:

CONSUMO CONSCIENTE É QUANDO UMA PESSOA CONSOME CONSIDERANDO COMO AQUILO VAI AFETAR O MEIO AMBIENTE E A VIDA DE TODAS AS OUTRAS PESSOAS.

MEIO AMBIENTE É O LUGAR ONDE VIVEMOS, ONDE MORAMOS.

PARECE COMPLICADO...

MAS NÃO É, JOCA. BASTA CONSUMIR SEM DESPERDÍCIOS. E, ANTES DE VOCÊ COMPRAR ALGO, SEMPRE SE QUESTIONAR SE REALMENTE PRECISA DAQUILO.

CUIDAR DO MEIO AMBIENTE SIGNIFICA CUIDAR DE NÓS MESMOS, DE NOSSA FAMÍLIA E AMIGOS, DOS ANIMAIS, DE NOSSA CASA, DA ESCOLA, DOS RIOS, DAS FLORESTAS. ENFIM, DE TUDO QUE NOS RODEIA.

QUANDO HÁ DESPERDÍCIO, NÃO ESTAMOS CUIDANDO BEM DO MEIO AMBIENTE.

JOCA E OS AMIGOS CONVERSAM SOBRE O QUE ESTÁ ESCRITO EM UMA FAIXA QUE AVISTAM NA ESTAÇÃO QUE DIZIA: PRESERVE O MEIO AMBIENTE.

RESOLVA AS ATIVIDADES A SEGUIR SOBRE ESSE ASSUNTO.

ATIVIDADE 1 — COMO SE PRODUZ UM LIVRO?

JOCA, SOFIA E SEUS AMIGOS DESCOBRIRAM QUE OS LIVROS SÃO FEITOS COM ELEMENTOS DA NATUREZA. OS PROFESSORES AJUDARAM AS CRIANÇAS A ENTENDER MELHOR COMO ISSO ACONTECE APRESENTANDO AS ETAPAS DESSA PRODUÇÃO.

> ORDENE ESCREVENDO 1 NA PRIMEIRA ETAPA, 2 NA SEGUNDA ETAPA, E ASSIM POR DIANTE.

☐ CORTE DAS ÁRVORES E CONFECÇÃO DO PAPEL

☐ PRODUÇÃO DO TEXTO NA EDITORA E IMPRESSÃO NA GRÁFICA

☐ LIVRO À VENDA

☐ PLANTAÇÃO DE ÁRVORES

☐ LIVRO NAS MÃOS DO LEITOR

AS CRIANÇAS ESTAVAM CIRCULANDO NA ESTAÇÃO QUANDO VIRAM OUTRA FAIXA BEM GRANDE. LUCA FICOU PENSANDO E DEPOIS PERGUNTOU AO PROFESSOR CARLOS:

ALIMENTOS: CONSUMA DE FORMA CONSCIENTE!

PODEMOS REAPROVEITAR OS ALIMENTOS, PROFESSOR?

CLARO, LUCA! POR EXEMPLO, SUA FAMÍLIA PODE FAZER UMA SOPA DELICIOSA COM OS LEGUMES QUE SOBRARAM DO ALMOÇO. ASSIM, ELA ECONOMIZA E EVITA O DESPERDÍCIO.

ATIVIDADE 2 — EVITANDO DESPERDÍCIO DE ALIMENTOS

> FAÇA UM X NAS IMAGENS QUE MOSTRAM DESPERDÍCIO DE ALIMENTOS.

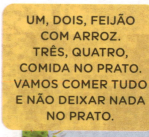

UM, DOIS, FEIJÃO COM ARROZ. TRÊS, QUATRO, COMIDA NO PRATO. VAMOS COMER TUDO E NÃO DEIXAR NADA NO PRATO.

AJUDE-NOS A IDENTIFICAR QUANDO ESTAMOS DESPERDIÇANDO COMIDA.

AS CRIANÇAS PARARAM PARA OBSERVAR A ÁGUA DE UM RIO PERTO DA ESTAÇÃO DE TREM QUANDO SOFIA COMENTOU QUE TAMBÉM HÁ MUITA ÁGUA NO MAR.

MAS JOCA LEMBROU A SOFIA DE QUE A ÁGUA DO MAR É SALGADA E NÃO PODEMOS USÁ-LA PARA BEBER E COZINHAR.

APROVEITANDO A CONVERSA DAS CRIANÇAS, OS PROFESSORES EXPLICARAM QUE A ÁGUA PODE CHEGAR ÀS CASAS DE VÁRIAS MANEIRAS E MOSTRARAM ÀS CRIANÇAS ALGUMAS FOTOS.

CAPTAÇÃO DA ÁGUA DE UM LAGO

CAMINHÃO-PIPA

POÇO ARTESIANO

POÇO COMUM

ARMAZENAMENTO DA ÁGUA DA CHUVA

ÁGUA ENCANADA

DEPOIS, O PROFESSOR CARLOS EXPLICOU QUE USAMOS DINHEIRO PARA PAGAR A CONTA DE ÁGUA TODO MÊS.

AS CRIANÇAS ESTAVAM ATENTAS A TUDO E PERCEBERAM UM AVISO SONORO DA ESTAÇÃO:

NÃO DESPERDIÇAR ÁGUA!

A ÁGUA SERVE PARA BEBER, FAZER NOSSA HIGIENE, LAVAR ROUPAS, COZINHAR OS ALIMENTOS, LIMPAR A CASA, MOLHAR AS PLANTAS E MUITAS OUTRAS COISAS.

A ÁGUA É MUITO IMPORTANTE PARA NOSSA VIDA, NÃO É?

JOCA, SOFIA E SEUS AMIGOS ESTAVAM CONVENCIDOS DE QUE A ÁGUA É NECESSÁRIA.

ATIVIDADE 3 — REGANDO A FLORZINHA

OBSERVE BEM ESTE QUADRINHO DA TURMA DA MÔNICA.

> CONVERSE COM OS COLEGAS E O PROFESSOR E COMPARTILHE COM ELES O QUE ENTENDEU DESSE QUADRINHO.

ATIVIDADE 4 — BOLINHO DE CHUVA

NA ÚLTIMA ESTAÇÃO, HÁ UMA ESCOLA DE CULINÁRIA. OS PROFESSORES RESERVARAM UM HORÁRIO PARA APRESENTAR UMA RECEITA ÀS CRIANÇAS.

> LEIA A RECEITA E COMPLETE AS FRASES ABAIXO.

BOLINHO DE CHUVA ASSADO

INGREDIENTES:
- 3 XÍCARAS DE FARINHA DE TRIGO
- 1 COLHER (SOPA) DE FERMENTO
- 4 COLHERES (SOPA) DE AÇÚCAR
- 1 XÍCARA DE LEITE
- 2 OVOS

MODO DE FAZER:
EM UM RECIPIENTE, JUNTE OS INGREDIENTES SECOS, ACRESCENTE O LEITE E OS OVOS E MISTURE BEM. FAÇA BOLINHAS COM A MASSA, COLOQUE EM UMA ASSADEIRA UNTADA E ASSE NO FORNO EM FOGO MODERADO POR MEIA HORA.

RENDIMENTO: 6 PESSOAS.

SE VOCÊ FIZER A RECEITA PARA 12 PESSOAS,

VAI USAR _____ XÍCARAS DE FARINHA DE TRIGO,

_____ COLHERES (SOPA) DE FERMENTO,

_____ COLHERES (SOPA) DE AÇÚCAR,

_____ XÍCARAS DE LEITE E _____ OVOS.

PARA REFLETIR – O DESPERDÍCIO DE ÁGUA

LEIA A HISTÓRIA A SEGUIR.

OS IRMÃOS JOSÉ E PAULO ACORDARAM CEDINHO PARA BRINCAR DE BOLA. DEPOIS DE TOMAR CAFÉ DA MANHÃ, JOSÉ TOMOU BANHO, ESCOVOU OS DENTES E NÃO FECHOU BEM A TORNEIRA DA PIA. ELE VIU A ÁGUA ESCORRER, MAS NÃO SE INCOMODOU COM ISSO. PAULO PASSOU PELO CORREDOR, VIU A TORNEIRA ABERTA E IMEDIATAMENTE FOI FECHÁ-LA.

CONVERSE COM O PROFESSOR E OS COLEGAS SOBRE ESTAS QUESTÕES:

- QUAL É SUA OPINIÃO SOBRE A ATITUDE DE JOSÉ?
- QUAL É SUA OPINIÃO SOBRE A ATITUDE DE PAULO?

O QUE ESTUDAMOS

RESPONDA NO CADERNO:

- POR QUE É IMPORTANTE NÃO DESPERDIÇAR ALIMENTOS?
- POR QUE PRECISAMOS UTILIZAR ÁGUA SEM DESPERDÍCIOS?
- O QUE VOCÊ FAZ PARA CUIDAR DO MEIO AMBIENTE?
- FAÇA UM DESENHO SOBRE O QUE VOCÊ APRENDEU NESTE LIVRO.

BRINCANDO TAMBÉM SE APRENDE

JOCA, SOFIA E SEUS AMIGOS CHEGAM À ETAPA FINAL. AJUDE-OS A RESOLVER AS ATIVIDADES PARA TERMINAREM O PASSEIO.

1 COMPLETE A CRUZADINHA:
- (1) CONTRÁRIO DE **POUPAR**
- (2) TIPO DE DINHEIRO
- (3) O MESMO QUE **ESCAMBO**
- (4) OBJETO EM QUE SE GUARDA DINHEIRO
- (5) NOME DO NOSSO DINHEIRO

2 AS LETRAS ABAIXO FORMAM UMA PALAVRA QUE INDICA O QUE PODEMOS FAZER PARA GUARDAR DINHEIRO.

E N C R Z O M O A I

A. DESEMBARALHE AS LETRAS E ESCREVA A PALAVRA NOS QUADRADINHOS ABAIXO:

B. AGORA COMPLETE OS ESPAÇOS:

ESSA PALAVRA TEM _____ LETRAS, _____ VOGAIS E _____ CONSOANTES.

3 O QUE É, O QUE É? DESCUBRA E DEPOIS CONTORNE A PALAVRA PROCURADA.

- TEM MENOS DE 10 LETRAS.
- TEM MAIS DE 8 LETRAS.
- DEVEMOS FAZER SEMPRE ANTES DE COMPRAR.

ECONOMIZAR   CONSUMIR   POUPAR   PESQUISAR

4 LIGUE A IMAGEM DO VERSO DE CADA MOEDA DE REAL AO SEU VALOR:

5 CENTAVOS

10 CENTAVOS

50 CENTAVOS

1 REAL

25 CENTAVOS

1 CENTAVO

O DINHEIRO IMPRESSO NO LIVRO NÃO É VERDADEIRO E NÃO PODE SER USADO PARA COMPRAS.

MATERIAL COMPLEMENTAR

O DINHEIRO IMPRESSO NO LIVRO NÃO É VERDADEIRO E NÃO PODE SER USADO PARA COMPRAS.

Reprodução/Casa da Moeda do Brasil/Ministério da Fazenda

42